AF475510

RAPPORT

SUR LE MÉMOIRE DE M. AUBERT,

DE LA

PROPHYLAXIE GÉNÉRALE DE LA PESTE,

Lu dans la séance du premier mardi de Mai de cette année

A LA SOCIÉTÉ MÉDICALE DU TEMPLE,

PAR L. S. DESRIVIÈRES,

D. M. P.

PARIS,

BOULÉ ET Ce, IMPRIMEURS, RUE COQ-HÉRON, 3.

1843.

DÉDIÉ AU DOCTEUR SÉGALAS,

MEMBRE DE L'ACADÉMIE DE MÉDECINE, FONDATEUR DE LA SOCIÉTÉ DU TEMPLE, CHEVALIER DE LA LÉGION D'HONNEUR, ETC.

MONSIEUR,

Permettez-moi de vous dédier un Rapport qui n'a de mérite que celui que votre bienveillance voudra bien y voir ; trop heureux que je suis de trouver et de saisir cette petite occasion de vous témoigner tout mon respect et toute ma reconnaissance.

Agréez, Monsieur,

mes très-humbles et sincères salutations,

DESRIVIÈRES,

D. M. P.

RAPPORT

SUR LE MÉMOIRE DE M. AUBERT,

DE LA

PROPHYLAXIE GÉNÉRALE DE LA PESTE.

MESSIEURS,

A la dernière séance, vous avez bien voulu me charger de vous faire un rapport sur un travail intitulé de la *Prophylaxie générale de la peste,* dont un de nos honorables confrères venait de faire hommage à la Société.

Or, Messieurs, désireux de me conformer à vos intentions, je me suis empressé de lire ce Mémoire, et de me bien pénétrer de la lettre et de l'esprit, afin de vous en rendre mieux compte et de vous communiquer les observations qu'il m'aurait suggérées.

Toutefois, avant d'aborder mon sujet, qu'il me soit permis de vous dire toutes les petites difficultés, toutes les petites tribulations qui se sont présentées à moi, dès la simple lecture : à la suite de quoi je vous exposerai l'analyse que j'ai faite de ce Mémoire, ainsi que mes quelques observations et conclusions.

1° Je vous dirai donc, Messieurs, qu'en ouvrant ce libretto, j'ai lu tout d'abord « par M. Aubert-Roche, » et qu'aussitôt, voyant ce nom composé, je me suis demandé si j'avais affaire à une collaboration, ce qui ne m'a pas laissé sans inquiétude, d'autant qu'il est un de ces deux noms pour lequel je suis plein de respect et de vénération, porté qu'il est par un homme de l'estime et de l'amitié duquel je m'honore. Enfant de ses œuvres, M. Roche n'a dû qu'à lui-même la place distinguée qu'il occupe dans le corps médical, et j'avouerai qu'il ne m'appartenait pas dès lors de venir faire l'éloge ou la critique d'une œuvre sortie de ses mains; chacun connaît ou mieux doit connaître ses forces. Mais bientôt, en continuant ma lecture, j'ai encore lu : « *ex-médecin en chef au service d'Egypte,* » d'où, bon gré, malgré, j'en ai conclu que je n'avais affaire qu'à une seule et même personne, à M. Aubert, notre honorable confrère, ce qui était beaucoup plus rassurant, puisque nos petites discussions ne devaient pas sortir du cercle étroit de la famille que nous formons entre nous. Ce petit trouble dissipé, passons à un autre.

2° Dès la seconde page de M. Aubert, j'ai lu, pour moi probablement et à l'adresse de tous ceux qui partagent mes opinions, ou, si vous aimez mieux, à l'adresse des contagionistes, et, par conséquent, à la mienne :

« Avant d'entamer ce sujet, nous définirons le mot *civilisation*, afin de » rejeter de suite cette espèce de discussion où se réfugient *les vaincus.* »

Compliment, vous voyez, Messieurs, peu long, mais très parlementaire, pour ne pas dire très flatteur. Cependant n'allez pas croire que j'aie été le moins du monde affecté de cette épithète collective ! Chacun n'a-t-il pas le droit d'écrire à sa façon, dût M. de Buffon nous répéter son vieil adage et nous le répéter sans cesse : le style, c'est l'homme ?

J'avais bien une plus rude nécessité à subir, celle de me résoudre à venir troubler les jouissances toutes triomphales d'un honorable confrère, ou à venir jeter ces cris impuissans des noirs habitans des déserts dont parle Lefranc de Pompignan, ou, au besoin, à me voir traîné pieds et poings liés et bouche close au char de triomphe. Or, comme vous voyez, Messieurs, de toutes parts la position était peu tenable ; et puis enfin, pourquoi aller remuer la poussière de l'arène, quand on sait qu'on a été à l'avance déclaré *vaincu ?* C'est probablement un sentiment comme celui-là, qui aura décidé les membres de l'Académie à remettre le Mémoire à son auteur, comme je vous en instruirai plus loin, grâce aux documens qui se trouvent à la fin de l'opuscule ; et je vous avoue bien, Messieurs, qu'il m'a fallu toute ma résignation à me soumettre à votre volonté, pour regarder comme non avenue cette petite difficulté, qui n'est pas la dernière.

3° A propos de l'Académie, dont je vous parlais tout à l'heure, je vous dirai, Messieurs, qu'elle aussi a contribué, pour une grande partie, dans mes tribulations. En effet, comment venir vous faire un rapport sur un travail qui déjà lui a été présenté et qui, à tort ou à raison, a subi ses bons ou ses mauvais vouloirs ? Serai-je de l'avis de l'Académie ? mais alors j'encours et j'assume sur moi une partie de l'ire de M. Aubert. Serai-je d'un avis opposé ? mais alors je partage son désappointement. Quoi qu'il en soit de cette position difficile, je m'efforcerai d'être juste envers tout le monde, et, pour cela, je serai indépendant : condition dont vous me tiendrez compte, j'espère, à défaut d'autres choses.

4° Ces quelques difficultés vaincues, vous supposez, Messieurs, qu'il n'en est plus d'autres; mais point du tout, il m'en reste encore quelques unes qui, pour paraître étrangères à mon sujet, n'en font pas moins partie intégrante. Quelles que soient mes observations, je m'attends à une réponse que M. Aubert m'a déjà faite et qu'il me fera assurément : c'est une fin de non recevoir, ou, si vous voulez, en style moins officiel, mais non moins officieux, un déni de compétence; or, comment passer outre, je vous le demande ? « *J'ai vu la peste,* me dira-t-il, *et vous ne l'avez pas vue.* » Il est bien vrai que je pourrais lui répondre : « Mais si d'autres l'ont bien vue pour moi, et que vous l'ayez mal vue pour votre compte, d'autant que Clot Bey affirme dans une lettre que vous citez dans votre ouvrage sur le typhus d'Orient : « Qu'il ne faut pas être en Egypte pour bien juger de la peste. » Mais pourquoi employer une pareille raison, quand j'en ai une bien meilleure à mon service, et la voici : « Monsieur, je me trouve exactement dans le même cas que le plus grand nombre de ces Académiciens auxquels vous aviez consenti à soumettre ce même travail; or, cette identité de position et votre condescendance pour eux établissent suffisamment, je suppose, ma compétence, sauf vanité de ma part, et Dieu sait qu'un peu de modestie ne va jamais mal à un petit savoir.

5° Mais, m'objecterez-vous encore : « La question que j'ai soulevée marche et marchera malgré le gouvernement, les commissions et toutes les Académies de France. Aujourd'hui, la question n'est plus que financière; et quant à votre contagion, *ah ! c'est du nouveau !* » Je vous avouerai, Messieurs, qu'en lisant et en entendant cela, je me suis encore demandé si j'étais bien apte à vider une question purement de gros sous, et surtout si, dans une assemblée essentiellement médicale, je devais vous apporter les chances de spéculations et la table des intérêts simples et composés de la rue Laffitte. A vrai dire, je sais bien que je ne puis vous entretenir que de vieilleries et d'opinions surannées, si j'en juge par la marche que M. Aubert a imprimée à ses idées, et, en effet, constatons.

En 1834, M. Aubert part pour l'Egypte sans idées préconcues, comme il nous l'apprend, mais voulant se former une croyance arrêtée sur les doctrines en litige. Or, en 1840, de retour en France, il publie tout un livre dans lequel on voit qu'il a pris parti pour l'infection, ce qui ne l'empêche pas de s'occuper longuement, dans ce même ouvrage, de toutes les questions qui ont rapport à la peste.

En 1841, un an après, M. Aubert publie le *Traité de prophylaxie* sur lequel j'ai à vous faire un rapport dans ce moment, et là, il ne s'agit plus que d'épidémies entassées pêle-mêle sous le même point de vue, et de la civilisation comme le seul moyen prophylactique en opposition avec les lazarets et les quarantaines qui, non seulement sont inutiles, mais bien plus nuisibles, dit-il.

En 1843, c'est-à-dire un an après la déconvenue du travail précédent auprès de l'Académie, M. Aubert, dans notre séance du premier mardi de janvier, ne veut plus s'occuper, *en dehors des Académiciens, je pense*, que de la période d'incubation; et puis, à notre dernière séance d'avril, le même M. Aubert, dédaignant ou négligeant toute route battue, tout sentier médical, ne songe plus qu'à une question financière, et cela, par une adresse à ce sujet, qu'il nous annonce devoir présenter tout prochainement à la Chambre des députés. Aussi, me disait-il : « Mais votre question de contagion, voici des siècles qu'elle a été débattue et vidée ! » Je le crois bien, *au train de locomotive* où va notre honorable confrère. Mais enfin, puisque j'ai à m'occuper des idées de M. Aubert en 1841, à quoi bon m'arrêter à celles qu'il peut avoir en 1843 ?

Une dernière observation encore, Messieurs, et je commence. Je ne sais si, dans le courant de cette discussion, j'aurai besoin de faits à mon aide ; mais, cette fois, je dois vous avertir qu'au moins je n'en manquerai pas, et cela, puisque M. Aubert, ordinairement si difficile sur le passeport d'acceptation et d'authenticité à leur accorder, se charge de m'en fournir des centaines pris dans un grand nombre d'auteurs, et cela sur une simple date, comme le prouve son refus à M. Pariset, de perdre un temps infini à les constater. Dès lors ce chapitre des faits n'offrira plus de grandes difficultés; aussi m'empresserai-je de remercier M. Aubert de se montrer enfin d'aussi bonne et d'aussi facile composition *pour son compte*.

Tous ces petits préambules finis, j'aborde mon sujet. Voici, Messieurs, une analyse succincte du Mémoire de M. Aubert, intitulé : *de la Prophylaxie générale de la Peste*.

D'abord l'auteur se pose cette question : « *Qui, de la civilisation ou des lazarets et des mesures sanitaires, a détruit la peste en Europe ?*

Sur ce, M. Aubert définit la civilisation la réunion de l'agriculture, de l'industrie et de la science, procurant un bien-être général et faisant observer les lois de l'hygiène; puis, venant à jeter un coup-d'œil sur l'Égypte, il constate que sa population est couverte de haillons et logée dans des ruines; que partout l'on ne trouve qu'un terrain bas et des eaux stagnantes, et une absence complète des lois hygiéniques, etc., ce qui lui donne à penser que la civilisation pourrait bien être, et est en effet l'antidote de la peste, « d'autant, dit-il, que les calculs et les faits viennent à l'appui de cette assertion. » — Ce qui le confirme dans sa croyance, c'est que, durant les périodes de civilisation égyptienne, grecque et romaine, la peste a fait peu ou point de ravages en Egypte, en Syrie, dans l'Asie-Mineure; tandis qu'aux périodes dites barbares il retrouve la peste.

Parcourant ensuite les annales de la Grèce et de Constantinople, M. Aubert constate que l'une et l'autre connurent à peine la peste jusqu'à la conquête des Turcs; mais qu'elles furent ravagées par ce fléau sitôt que ces destructeurs par excellence, dit-il, cette race fataliste, vinrent renverser la civilisation grecque et romaine. La même vérité, ajoute M. Aubert, par rapport à la civilisation, se trouve encore confirmée dans l'histoire de l'ancienne Italie : « La civilisation seule, dit-il, a détruit ou repoussé la peste dans l'antiquité, époque où la question était bien plus simple, puisqu'elle n'était pas encore compliquée par la découverte de la contagion de la peste, et par l'invention des lazarets et des mesures dites sanitaires. »

Cet examen fait, l'auteur du Mémoire, abandonnant pour ainsi dire le Levant et le monde ancien, vient à s'occuper plus spécialement de notre Europe dans ses différentes phases de civilisation et de barbarie. Dans un tableau historique qu'il me faudrait copier littéralement pour vous dire toutes les monarchies qui s'écroulent et toutes les révolutions qui changent, effacent et chassent devant elles peuples et rois, maîtres et esclaves, M. Aubert poursuit son idée de civilisation comme le seul antidote de la peste, et, entrant dans plus de détails, il prouve que la France, tantôt civilisée, tantôt barbare, et enfin civilisée, a compté les apparitions de la peste en raison des temps de barbarie ou de guerres, dans lesquels elle s'est trouvée plongée. Je dis *apparitions*, Messieurs, car M. Aubert ne croit pas aux *importations*, doctrine nouvelle, mais que je dois constater. Voici ce qu'il écrit par rapport à la peste de Marseille en 1720 :

« Elle doit son origine à des conditions atmosphériques et locales, qui

BIBLIOTHÈQUE ROYALE

firent développer une constitution épidémique d'où naquit la peste. Si l'on rejetait cette explication, nous demanderions : à quoi peut-on l'attribuer? A l'importation? mais je le nie. A la contrebande? mais c'est un conte. Je ne doute pas, dit-il, que si, en 1840, l'inondation de la vallée du Rhône eût rencontré des conditions de misère et de chaleur, jointes à celles d'humidité, la peste n'en fût née. »

Passant à l'historique des pestes d'Angleterre, M. Aubert trouve, comme en France, qu'elles concordent avec les époques de barbarie, de misère et d'entassement, à Londres par exemple.

L'Allemagne, elle aussi, est ravagée par le fléau, en temps qu'elle croupit dans la barbarie, ou qu'elle est en proie aux querelles religieuses. « Cet État, dit M. Aubert, qui emportait avec lui toutes les calamités imaginables, ne trouva un terme que dans la paix de Westphalie. »

Revenant sur l'Italie moderne, M. Aubert, l'histoire à la main, dit-il, affirme que la peste ne s'est encore montrée là qu'en raison de la barbarie et de ses conséquences. « Et comme ce pays, dit-il, est presque un siècle en avance sur les autres, le seizième siècle vit chez elle la peste diminuer, tandis qu'elle était partout ailleurs à son maximum d'intensité. En plus, ajoute-t-il, l'exemple de Venise et de Gènes est là pour prouver que toutes deux commerçant avec l'Orient, n'ont pas eu toutes les deux également la peste. La raison doit en être recherchée dans la situation respective de ces deux localités. »

En Espagne, mêmes faits, mêmes résultats, mêmes conclusions, à quelque chose près qui la distingue des autres contrées de l'Europe; et cela à l'occasion de la civilisation arabe et de la conquête des Amériques. « Malheureusement, en repoussant les Musulmans, dit M. Aubert, on repoussait aussi la civilisation. *La décadence marchait avec les conquêtes ;* aussi l'Espagne devint-elle un foyer permanent de peste, qui fit les plus effroyables ravages en 1681, où elle fut remplacée par des épidémies de fièvres malignes, le garotillo et la fièvre jaune. »

Je ne vous dirai pas, à l'occasion de ces deux dernières affections, que M. Aubert cite en passant, s'il les regarde aussi comme indigènes pour l'Espagne; je n'en sais rien, et puis cela me sortirait de mon analyse. Continuons :

Après cette longue course à travers les invasions des Goths, des Visigoths et des Vandales, et les dates des différentes pestes qui sont tombées sur l'Europe, M. Aubert finit en disant : « Je m'arrête ici dans la description des divers pays et de leurs épidémies, comparées avec la civilisation. Excepté la France, l'Italie, l'Angleterre, l'Allemagne et l'Espagne, les autres pays ne donnent pas de documens suivis. »

Après quoi M. Aubert, en réponse au problème qu'il s'est posé, conclut que toujours et partout la peste a reculé et disparu devant la civilisation.

Cette conclusion tirée, l'auteur se met à examiner quel a été le rôle prophylactique des lazarets. Or, en tenant compte des époques de la barbarie et de la civilisation, il trouve que, soit à Venise, soit à Marseille, soit à Gênes, l'institution des lazarets et des lois sanitaires, bien loin d'avoir fait diminuer la peste, semble l'avoir fait augmenter : « Les mesures sanitaires générales, dit-il, datent en Europe de la fin du XVe siècle; or, le XIIIe compte treize épidémies; le XIVe, trente-huit; le XVe, cinquante-quatre; total: cent cinq; — tandis que le XVIe en note soixante-douze; le XVIIe, soixante-trois; le XVIIIe, huit; total : cent quarante-trois. — Différence : trente-huit. — Preuve de l'inutilité des lazarets.

« On ne peut aller, dit M. Aubert, ni contre des chiffres, ni contre l'évidence et la vérité. Donc, la seule prophylaxie de la peste est dans la civilisation; et dès-lors il est permis de conclure :

» 1° Que, dans l'antiquité, les épidémies de peste ont reculé et disparu devant la civilisation seule;

» 2° Qu'elles sont revenues avec la décadence et la barbarie;

» 3° Que la création des lazarets et des mesures sanitaires n'a pas fait diminuer la peste, puisque les épidémies ont été plus fréquentes après l'installation de ces moyens prophylactiques;

» 4° Que la civilisation a seule action sur les causes de la peste, puisque la diminution et l'anéantissement des épidémies coïncident non avec la création des lazarets, mais avec la marche et le développement de la civilisation moderne.

» Enfin, pour conclusion générale et dernière : Donc les lazarets ont été et sont inutiles; donc la seule prophylaxie de la peste, c'est la civilisation. »

Telle est, Messieurs, la complète et consciencieuse analyse du Mémoire de M. Aubert, Mémoire que l'auteur termine par quelques pages intitulées : *Anecdotes historiques et académiques*, dont voici à peu près le contenu :

En 1841, ce Mémoire fut adressé à l'Académie de Médecine, où, sur les

2

conclusions d'une commission dont M. Pariset faisait partie, il fut renvoyé au Comité de publication. Or, après un silence d'une année, durant laquelle le travail de M. Aubert fut égaré, celui-ci, tout en en adressant une nouvelle copie, pria M. Pariset de confirmer son premier jugement. Là-dessus, réponse de M. Pariset pour engager l'auteur à rectifier et à jeter le tout dans une refonte complète; lettre alors de M. Aubert au Comité de publication, pour témoigner son étonnement du billet de M. Pariset, et de la contradiction de ses actes, annonçant d'ailleurs au Comité que la question qu'il a soulevée marche et marchera malgré le Gouvernement, la commission et toutes les Académies de France. Cette missive fâcha tout rouge M. Pariset, qui interpella M. Aubert dans les bureaux de l'Académie, lequel, par respect pour l'âge de ce dernier, garda le silence, dit-il.

De là, le Mémoire resté sans publication est rendu à M. Aubert, qui finit en nous apprenant que l'Académie a reçu, dans d'autres circonstances, des documens très importans pour lesquels il n'a même pas été fait un rapport, entre autres à la suite de la peste de 1834-35, en Egypte.

Voici, Messieurs, plus de la moitié de ma tâche de remplie; mais il me reste encore à vous soumettre les quelques observations que sa lecture attentive m'a suggérées.

D'abord, vous savez que tout ce travail repose sur le mot de civilisation; or, vous n'ignorez pas que M. Aubert l'a définie: «la réunion de l'industrie, du commerce et de la science, procurant un bien-être général et faisant observer les lois de l'hygiène; afin de rejeter de suite, dit-il, cette espèce de discussion où se réfugient les vaincus.» Eh bien! permettez à un de ces *vaincus,* puisqu'en effet c'est sur ce mot que roule tout ce Mémoire, Mémoire où, comme l'a dit M. Pariset, il y a contradiction, et qu'il eût mieux fait d'appeler ce me semble, comme j'espère vous le prouver, une sorte de *fantasmagorie historique* reposant sur une pétition de principe ou, si vous aimez mieux, sur un non-sens; permettez, dis-je, à un vaincu de venir apprendre à M. Aubert lui-même ce que l'on doit entendre par le mot civilisation. Mais peut-être ma définition sera-t-elle celle qu'il a sous-entendue sous les trois mots : industrie, commerce et science. En tous cas, si je lui dois le texte, il me devra le commentaire; et vous avouerez que, pour un vaincu, ce sera faire preuve de bonne volonté.

Eh bien! donc, si j'avais à me jeter dans des doctrines abstraites, qui aujourd'hui commencent à faire partie du domaine public, je vous dirais que, par civilisation, il ne faut point entendre le dernier progrès, le dernier but où tend et où doit arriver l'humanité, et qu'après cet échelon il lui en restera encore d'autres à monter, ne fût-ce que celui du garantisme, que certes personne ne contestera.

Mais pourquoi courir après une métaphysique toute d'espérance pour le moment? N'est-il pas plus convenable de s'arrêter au mot civilisation et de le définir dans son sens le plus large comme le plus rigoureux?

Par civilisation, on doit entendre le plus grand développement du moi humain en présence du moi social et du moi divin; car il y a deux êtres dans l'homme, l'un physique et l'autre moral, tour à tour subordonné et indépendant, ayant tous deux leurs exigences de développement, de conservation et de relation. De telle sorte que là seulement il y a civilisation où la chaîne qui unit l'homme à Dieu et à son semblable est conservée. Sans cette triple condition, il y a nature incomplète, souffrance ou abrutissement. L'homme, pour certaines gens, peut vivre dans l'isolement et de Dieu et des hommes; mais ne voyez-vous pas qu'il y perd ses plus beaux titres et le développement de ses facultés les plus précieuses, et partant il n'y a plus que dénuement, misère et douleurs, à moins que vous supposiez l'insensibilité; mais alors où est cette vie palpitante et pleine après laquelle nous courons tous?

Autrement dit, la civilisation est l'essor simultané des facultés humaines pour atteindre au vrai, à l'utile, au beau, au juste, à l'infini, et par-dessus tout à l'indépendance, qui les accepte après examen, après discussion. Autrement dit, l'homme vit en demandant des règles à la science, en s'entourant des choses nécessaires, par son labeur et son industrie, en embellissant et réjouissant ses loisirs par la culture des arts, et en s'en assurant la propriété par une justice qui préside au gouvernement de la famille comme à celui de la société tout entière; et enfin, en tendant de toutes ses forces vers le moi infini, ou Dieu, source de tout bonheur, de toute félicité, sans lesquels les mots progrès, civilisation, bien-être ne signifient rien.

Mais pourquoi s'arrêter encore à ces abstractions, qui ne sont rien moins que des vérités, vers lesquelles gravitent toutes les générations qui se succèdent, se passant les unes aux autres leur héritage commun? Arrêtons-nous donc au sens pratique de ce mot civilisation, au lieu de le considérer dans tout ce qu'il a de plus absolu. Ce mot ne signifie donc qu'un degré relatif, qu'un passage, qu'un progrès vers cet absolu qui s'éloigne à mesure qne l'homme croit en approcher et en approche pour ainsi dire.

Dans ce monde, Messieurs, tout est subordonné au naturel, aux habitudes, à l'éducation, aux traditions, au climat, aux croyances, aux circonstances elles-mêmes où le hasard joue le plus grand rôle, etc.; de sorte qu'à tel point de vue, ce qui serait de la civilisation pour une nation, ne serait que de la barbarie pour une autre, *et vice versâ*; et cependant, sachez-le bien, il n'y a jamais si grande barbarie que tous les élémens de la civilisation, dans ce qu'elle a de plus absolu, ne s'y trouvent en voie de progrès. Donc, par civilisation on ne doit entendre qu'un état relatif et progressif, mais lent, et non pas avec ces soubresauts vers lesquels nous poussent tant de grands hommes du jour, et qui finissent toujours par des réactions que l'on appellerait bien mieux des reculades. On a hâte d'atteindre un but; on s'inquiète peu de la marche ordinaire des choses humaines, et, comme on va toujours de l'avant, on prend pour du *génie* ce qui n'est souvent que de la *témérité*, puisqu'on dépasse ce même but et que l'excès vient succéder à l'absence. En un mot, Messieurs, la civilisation est l'équilibre parfait des trois vérités : vérité religieuse, vérité politique et philosophique, vers lequel nous tendons sans cesse.

Arrivons maintenant au travail de M. Aubert. Je serai court, car je n'ai qu'une réponse à lui faire; et pour cela, à l'exemple de M. Pariset, je ne m'amuserai pas à voir dans ce Mémoire des fautes, des erreurs de lieux, de dates, de choses et d'hommes, et surtout une confusion d'épidémies que l'auteur n'a pas distinguées. Je ne lui dirai pas qu'en parlant de Venise et de Gênes, cités qui furent si inégalement décimées par la peste, bien qu'elles commerçassent toutes les deux avec l'Orient, M. Aubert oublie de constater que le commerce de Venise avait lieu avec l'Egypte et la Syrie, tandis que celui de Gênes s'effectuait avec le littoral de la mer Noire.

Je ne rappellerai pas à M. Aubert que, lorsqu'il affirme que si la peste n'a plus reparu en France depuis 1720, et à Marseille en particulier, c'est grâce à la civilisation; il se trompe; car si la peste n'a pas reparu à Marseille depuis 1720, elle s'est montrée au lazaret en quatorze années différentes, ce qui pourrait bien donner lieu à la proposition que ce n'est pas précisément en raison directe de la civilisation, mais bien en raison *des relations* que la peste se manifeste; mais, je l'ai dit, je ne veux pas m'arrêter à ces points de discussion.

Messieurs, qu'est-ce que M. Aubert entend par civilisation? Il vous l'a dit : la réunion de l'agriculture, du commerce et de la science. Or, comment M. Aubert entend-il appliquer cette marche progressive à l'Egypte? C'est en en chassant les Turcs et en les refoulant dans leurs déserts; « car, dit-il, la civilisation, c'est le progrès, et la race turque s'y refuse, parce qu'elle est fataliste; aussi, le seul et unique moyen de chasser la peste d'Orient, c'est d'en chasser les Turcs et de les refouler dans leurs déserts. » Donc la seule et unique prophylaxie, c'est la guerre, c'est la conquête; et comme les prémisses et les conclusions de M. Aubert disent que c'est la civilisation, et que la civilisation est la réunion de l'agriculture, de l'industrie et de la science, donc la guerre et la conquête développent l'agriculture, l'industrie et la science. Mais comment se fait-il que dans tous les événemens historiques que rapporte M. Aubert, il regarde, en Espagne, comme en France, comme en Italie, la guerre et la conquête comme une source d'injustices, de déprédations, de misère et de barbarie? A cela M. Aubert me répondra que nous, civilisés, faisons des guerres civilisées; c'est vrai, lui dirai-je; allez voir nos razzias dans l'Algérie, allez voir ce qui s'est passé dans l'Afghanistan et la Chine, et au besoin dans la Pologne ou dans la Circassie. Il est vrai que la guerre et la conquête de l'Egypte seraient une chose d'autant plus facile que toutes les puissances de l'Europe sont intéressées à ce que cette clef des Indes et du plus grand commerce du monde ne tombe entre les mains d'aucune d'elles. Mais chassez les Turcs et refoulez-les dans leurs déserts, c'est le seul et unique moyen de chasser la peste d'Orient, nous dit l'auteur de la *Prophylaxie*. En vérité, voici bien des contradictions, si je ne me trompe. En tous cas, je veux bien croire qu'elles ne se trouvent pas dans sa pensée, mais bien dans sa phraséologie seulement. Aussi je comprends pourquoi M. Pariset l'invitait à une refonte générale; ce qui arriverait d'autant plus à propos que le savant historien, M. Michelet, ces jours-ci, dans sa leçon au collége de France, soutenait que les quinze siècles du moyen-âge, que l'on appelle barbares, étaient des siècles de civilisation, et d'une civilisation soutenue et progressive, mais que nous calomnions, parce que nous n'en comprenons ni la pensée, ni la marche. Cette explication est en désaccord, il est vrai, avec ce que M. Aubert a écrit de l'Europe; mais à cela ne tienne, s'il devait y gagner plus d'ensemble dans son travail et dans ses idées, et même dût-il se montrer moins conquérant et moins pourchasseur de nations; car vous avouerez avec moi qu'il n'y va pas de main morte. Je sais qu'aux grands courages il faut de grandes entreprises; mais avant tout, soyons logiques et continuons.

Nous, contagionistes, que disons-nous? La peste est contagieuse; nous ne connaissons point un véritable antidote à lui opposer; mettons donc une barrière entre elle et nous.

Or, après nous avoir traités de vaincus, quel moyen vient nous proposer M. Aubert? Un moyen bien simple assurément; le voici : l'Orient donne la peste, la civilisation la tue; eh bien! civilisez. Et vous savez de quelle manière il entend civiliser l'Egypte. Du reste, je pense que ce n'est pas là toute son idée, si j'en juge par cet exemple : « Il en a été pour l'Orient, par rapport à la peste comme pour un marais foyer de fièvres; qu'il soit cultivé, desséché, le foyer disparaîtra; que des circonstances forcent à ne plus entretenir la culture, et bientôt le marais deviendra ce qu'il était auparavant. »

Ou, si vous voulez, Messieurs, faites que le marais soit une productive et agréable vallée, qui n'ait plus du marais que le nom, faites qu'il n'ait plus de miasmes à répandre, et M. Aubert vous affirme que vous n'en ressentirez plus. Assurément, je ne crois pas qu'il puisse se trouver un contagioniste d'assez mauvaise foi pour nier que, la cause détruite, il n'y aura plus d'effet. Mais, malheureusement, c'est la destruction de cette cause qui ne nous paraît pas aussi facile qu'à M. Aubert, et surtout devoir s'effectuer de sitôt; et c'est pour cela que nous voulons, en attendant cet heureux jour, maintenir nos barrières. Je suis d'ailleurs très étonné de voir que, jusqu'ici, il ne se soit trouvé personne dans cette Europe si éclairée, pour proposer un pareil moyen prophylactique, d'autant plus sûr qu'il est plus radical, et si radical, qu'à mon avis, c'est une pétition de principe, ou, si vous aimez mieux, à force d'être vrai, un non-sens. (Véritable argument de M. de La Palisse.)

Mais civilisez, civilisez! nous crie-t-on. Encore une fois, croyez-vous que c'est dans un pareil raisonnement que Jenner a cherché *l'antidote de la variole???* Croyez-vous donc que ce soit très aisé que de faire que l'Egypte ne soit plus traversée par un immense fleuve qui accumule sans cesse des détritus de toutes sortes dans un terrain bas et où ses eaux sont stagnantes, d'obtenir que ce peuple, décimé, abruti, rabougri, échappe à sa misère, à ses haillons et à ses croyances fanatiques, et qu'il ne gémisse plus sous un despotisme brutal? d'organiser les récoltes de telle sorte qu'elles ne dépendent plus des crues du Nil, et que la famine ne s'y montre plus avec ses horreurs ? Enfin, d'opérer de telles merveilles que les forces humaines se demandent si elles sont suffisantes ? En vérité, Messieurs, avec des *possibilités* on aplanit les montagnes, on exhausse les vallées, on détourne les fleuves, on commande à la nature tout entière; mais autre chose est de rêver et autre chose d'agir, et je ne pense pas que, de sitôt, le Delta cesse d'être fangeux et une cause permanente de miasmes pestilentiels, d'autant plus terribles que la médecine n'a point encore trouvé de spécifique à lui opposer. Mais pourquoi m'arrêter si long-temps à combattre une vérité qui, à force d'en être une, vous ôte la volonté de la discuter? Ne ferais-je donc pas mieux de dire à M. Aubert : « Eh bien ! Monsieur, je vous accorde que vous avez raison; mettez-vous à l'œuvre, civilisez cette vieille terre d'Egypte, de telle sorte qu'il ne nous en reste plus que le nom. » Je vous attends et vous attendrai avec patience, d'autant que, dans un passage de votre opuscule, vous convenez que c'est lentement que la barbarie s'impatronise là où règne la civilisation, et *vice versâ*, et que les changemens de maîtres ne modifient pas essentiellement les mœurs publiques et les usages enracinés.

Il n'y a que pour l'institution des lazarets et des quarantaines que vous n'avez pas voulu admettre de progrès, d'améliorations successives; aussi, êtes-vous surpris que, dès le commencement, on n'en ait pas obtenu les mêmes résultats qu'aujourd'hui, et c'est là-dessus que vous concluez pour leur inutilité, et peut-être même leur danger.

Quoi qu'il en soit, Monsieur, tâchez de nous donner un solennel démenti; mais, avant de vous mettre à l'œuvre, n'oubliez pas qu'il y a loin de cette antique patrie des Pharaons, d'où jaillirent jadis tant de faisceaux lumineux et cette civilisation dont nous sommes si fiers, et qui nous est arrivée par la civilisation judaïque dont vous ne dites rien, et par celles du monde grec et du monde romain dont vous parlez tant; immense vallée où se trouvaient assises tout le long du fleuve-roi, tant de cités populeuses, et où s'élevaient orgueilleusement tant de monumens superbes, à cette terre de larmes et de misères, de fange et de destruction, d'abrutissement et de morceaux de granit. Faites qu'à votre voix, peuples, rois et prêtres se lèvent, faites que ce qui n'est plus soit encore, faites que le jour succède à la nuit ! Mais ne voyez-vous pas que de toute cette ancienne Egypte, il ne reste debout que ces pyramides, gigantesques tombeaux dominant un horizon de ruines. Avant de vous mettre à l'œuvre, songez-y donc, car je crains bien que l'esprit de Dieu (appelez-le comme vous voudrez), n'ait passé par là, et vous savez que la main débile de l'homme ne reconstruit pas toujours ce qu'il a une fois détruit.

DESRIVIÈRES,

D. M. P.

www.ingramcontent.com/pod-product-compliance
Ingram Content Group UK Ltd.
Pitfield, Milton Keynes, MK11 3LW, UK
UKHW020232200726
13856UKWH00004B/1722